A. DE LONGPÉRIER

NOTICE

SUR

M. A. DE LONGPÉRIER

NOTICE

SUR

M. A. DE LONGPÉRIER

PAR

M. François LENORMANT

MEMBRE DE L'INSTITUT

———◦◇◦———

PARIS

IMPRIMERIE DE A. QUANTIN

1882

L y a bien peu de jours, nous conduisions à sa dernière demeure l'homme qui était en France, parmi les savants de nos jours, le maître incontesté de la science archéologique. Son nom était connu de tous, même de ceux qui ont l'habitude de demeurer le plus étrangers à l'ordre des études auxquelles il avait consacré sa vie. En lui rendant un suprême hommage, je voudrais donner une idée de ce qu'a été sa carrière et de ce qu'il a fait pour la science. Il est des morts pour qui le plus bel éloge est une brève analyse de leurs travaux.

M. Henri-Adrien Prévost de Longpérier était né à Paris le 21 septembre 1816, d'une des familles les plus anciennes et les plus honorables de la ville de Meaux, dont son père occupa longtemps la mairie. Tout jeune encore, avant même d'avoir terminé ses études classiques qu'il fit tout entières sous la direction de son père, sans passer par aucun collège ni aucune institution, il montra le goût le plus vif et les aptitudes les plus remarquables pour l'étude des antiquités en général, pour celle de la numismatique en particulier. A l'âge de dix-neuf ans, il était admis comme employé au cabinet des médailles de la Bibliothèque du roi.

Travailleur actif, doué d'une merveilleuse mémoire et de ce coup d'œil naturel que rien ne remplace, le jeune Longpérier sut mettre à profit les ressources que lui offrait pour achever de s'instruire, sous la forte discipline de Letronne d'abord, de Charles Lenormant ensuite, le grand dépôt scientifique auquel il était désormais attaché. C'est dans l'étude quotidienne et assidue des collections du Cabinet des médailles, complétée par celles des grandes collections publiques de l'Europe et des principaux cabinets particuliers, qui étaient alors nombreux et riches à Paris, qu'il puisa cette incomparable expérience qui en faisait le plus sûr connaisseur des monuments originaux de l'antiquité et du moyen âge. Car il n'était pas de ces esprits qui aiment à se cantonner dans un petit champ étroit, sans chercher à en sortir. Sa curiosité était éveillée sur tous les sujets qui touchent au passé. Il aimait passionnément le beau sous toutes ses formes et dans toutes ses manifestations. Non seulement, par un privilège bien rare, il savait unir l'érudition classique et l'érudition orientale, poussées toutes les deux à un égal degré ; mais il s'intéressait aux œuvres du moyen âge et de la renais-

sance autant qu'à celles de l'antiquité, et il connaissait
aussi bien les unes que les autres. Naturellement artiste
et lui-même excellent dessinateur, il avait voulu se rendre
un compte exact des procédés employés par les industries
anciennes, et, sauf le duc de Luynes, je n'ai jamais connu
d'archéologue qui se fût plus soigneusement mis au cou-
rant de toutes les questions de technologie.

Le premier travail qui assit sa réputation était consacré
à élucider une des plus importantes et des plus difficiles
questions de la numismatique orientale. Silvestre de Sacy,
dans un de ses plus beaux mémoires, composé en
plein 1793, avait jeté les bases du déchiffrement de l'écriture pehlevie, employée par les rois de Perse de la
dynastie des Sassanides dans leurs inscriptions monumen-
tales et dans les légendes de leurs monnaies. Il avait
attribué quelques-unes de ces monnaies, mais en petit
nombre, et depuis lors presque rien n'avait été fait dans
cette voie. La majeure part de la suite monétaire des Sassanides restait indéchiffrée et inattribuée. M. de Longpérier, par un livre publié en 1840, porta l'ordre dans ce
chaos. Il déchiffra toutes les légendes royales, et parvint
à déterminer le monnayage de la série complète des rois,
depuis Ardeschir Ier, le fondateur de la dynastie, jusqu'à
Yezdegerd, le dernier qui ceignit la couronne des grands
rois et qui succomba sous les coups de l'invasion musulmane. L'étude de cette importante numismatique a été
poussée depuis encore plus loin que par lui. Les travaux
d'Olshausen, de Mordtmann et d'Edward Thomas ont
amené l'interprétation de légendes qui, sur les monnaies

des derniers règnes, avaient résisté aux efforts de M. de Longpérier, celles qui contiennent des dates et des indications d'ateliers; ils ont aussi montré les types des Sassanides se perpétuant dans un monnayage d'imitation pendant plus d'un siècle de domination musulmane. Mais la série des rois, telle que le jeune érudit de vingt-quatre ans l'avait établie, est restée sans changement. Pour son coup d'essai, il avait été le législateur de cette partie de la numismatique.

Plus tard, il entreprit de débrouiller la suite monétaire des Arsacides, rois des Parthes, comme il avait fait de celle de leurs successeurs Sassanides Le problème n'était ni moins ardu, ni moins obscur. Malheureusement, M. de Longpérier n'y a jamais consacré un travail d'ensemble aussi complet. Il a laissé une partie de la tâche des attributions et du classement à ceux qui reprendront le sujet après lui. Mais sa dissertation sur les drachmes des derniers règnes, imprimée dans l'ancienne série de la *Revue numismatique*, et surtout son mémoire sur le classement des tétradrachmes, publié séparément en 1854, font époque dans l'étude de ce monnayage. Bien des faits capitaux y ont été définitivement établis; tous les travaux ultérieurs devront prendre pour point de départ ces deux mémoires qui constituent des contributions du plus haut prix au progrès de l'histoire et de la numismatique. Le mémoire sur les tétradrachmes n'a malheureusement jamais été accompagné de la publication des planches qui devaient l'éclaircir. Il résulte de là que l'intelligence en est souvent difficile et demande une véritable étude. Aussi

les numismatistes et les amateurs en ont-ils très peu profité, surtout dans notre pays. Mais à l'étranger, il y a des
gens qui l'ont étudié comme il le méritait. Et depuis lors,
on a vu, en Allemagne et en Angleterre, plus d'un histo-
rien en tirer largement parti, mais en évitant soigneusement d'en parler, et en donnant pour siennes des décou-
vertes qui dans la réalité doivent être restituées au savant
français.

Dans la numismatique française, M. de Longpérier n'a
pas marqué sa trace moins profondément que dans la numismatique orientale antique. De deux catalogues de cabinets privés, celui de la collection Dassy et celui des monnaies royales des deux premières races de la célèbre
collection Rousseau, il a su faire des ouvrages fondamen-
taux qui sont restés aux mains des savants et ont ouvert
une ère nouvelle pour cette branche des études. Le catalogue Rousseau, en particulier, garde une importance
exceptionnelle par la nouveauté et la sûreté des attributions, ainsi que par les dissertations substantielles qui
accompagnent la description des principales pièces et par
les considérations générales sur la numismatique française,
qui ouvrent le volume. Jusqu'alors, sur le monnayage
des Mérovingiens et des Carlovingiens, on en était resté
presque exactement aux données du livre de Le Blanc, publié
sous le règne de Louis XIV. M. de Longpérier renouvela
l'étude de ces premières périodes de notre numismatique
nationale; il lui donna enfin des bases critiques, en rapport
avec les conditions de la science contemporaine. S'il ne
parvint pas à en résoudre définitivement du premier coup

tous les difficiles problèmes, il les posa du moins avec une admirable précision et en groupa les principaux éléments. Et, le plus souvent, en archéologie comme en mathématiques, on peut dire qu'un problème bien posé, bien défini, est par là même à moitié résolu.

La numismatique arabe fut aussi l'un des objets de prédilection des études de M. de Longpérier. Il avait projeté un grand ouvrage sur les monnaies musulmanes de l'Espagne et fait plusieurs voyages pour en recueillir les éléments. Mais diverses circonstances l'empêchèrent de réaliser ce projet. Peut-être une partie du livre existe-t-elle en manuscrit dans ses papiers. Mais le public n'en a jamais eu qu'un programme où le plan méthodique était supérieurement tracé, à tel point qu'un autre n'aurait plus aujourd'hui qu'à en remplir les cadres sans s'en écarter, et où un certain nombre de pièces capitales au point de vue historique étaient publiées pour la première fois.

M. de Longpérier resta douze ans au Cabinet des médailles. Son activité scientifique, en dehors des ouvrages dont je viens de parler, se traduisait au dehors par la publication de nombreux mémoires insérés dans tous les recueils qui traitaient d'archéologie. Aussi sa réputation allait toujours en grandissant, et personne ne fut étonné, quand on le vit, en 1847, à l'âge de trente et un ans, appelé au poste de conservateur des antiques du musée du Louvre.

Il a occupé ce poste pendant vingt-trois ans, et durant cet intervalle a vu se succéder trois gouvernements. Il serait trop long d'énumérer tout ce que lui a dû d'enrichissements, et surtout de progrès de classement, notre grande collection nationale. Les acquisitions qu'il faisait chaque année étaient toujours marquées par le choix le plus judicieux. Chose bien rare, il ne s'est jamais laissé prendre à un objet suspect; ceux qui lui ont succédé n'ont eu en aucune occasion à éliminer un seul des monuments qu'il avait fait entrer dans les collections.

Avant lui le département des antiques du Louvre était une sorte de chaos. Il y introduisit de l'ordre, distingua les séries, les classa et en ouvrit un certain nombre de nouvelles. C'est à lui, par exemple, que l'on doit la création du musée américain; et dans le catalogue qu'il en publia, tout en commettant quelques erreurs qui étaient inévitables à l'époque où il faisait ce travail, il fut le premier à donner des bases réellement scientifiques à cette branche toute spéciale de l'archéologie, où tant de fantaisies, disons le mot, tant de folies se sont donné carrière. C'est lui qui, le premier, a eu l'heureuse pensée, dans le musée de sculpture, de former une collection spéciale des œuvres du ciseau grec des grands siècles, et de la mettre à part des marbres exécutés à l'époque romaine. C'est lui qui a organisé la salle des bronzes, et le catalogue qu'il a donné d'une partie des richesses qu'elle renferme est un véritable modèle de classement, de méthode, d'érudition aussi sobre que sûre. Son catalogue du musée assyrien fut rédigé avant l'époque où le déchiffrement de l'écriture cunéiforme permit d'en lire et d'en traduire les inscriptions. Il y a donc tout un côté essentiel qui y fait défaut. Mais malgré cette lacune, maintenant que les progrès de la science ont donné une tout autre signification aux monuments qui y sont décrits, en permettant de les rapporter à des dates précises, le catalogue de **M.** de Longpérier conserve encore une singulière valeur. On n'a pas fait mieux pour l'étude et l'interprétation purement archéologique des sculptures assyriennes et des petits objets de la même civilisation. C'est toujours le meilleur manuel pour un côté de cette branche de la science, que les savants qui sont venus après lui ont beaucoup trop négligé, préoccupés qu'ils ont été exclusivement du déchiffrement épigraphique. Et lorsqu'on étudie ce catalogue, on ne peut manquer d'admirer la sûreté de coup d'œil avec laquelle **M.** de Longpérier avait exactement déterminé, sur les seuls caractères de leur art, la succession chronologique des monuments où l'on ne lisait pas encore les noms des rois qui les ont fait exécuter.

M. de Longpérier était conservateur au Louvre quand la collection Campana, qui venait d'être achetée, fut réunie au musée. C'est donc à lui qu'incomba la mission d'introduire dans les galeries, d'y disposer et d'y classer la masse énorme des monuments de toute nature dont les collections nationales françaises s'enrichissaient ainsi d'un seul coup. Avec la collection Campana et une partie des acquisitions qu'il avait eu l'occasion de faire d'autres sources, il créa, à côté du musée Charles X, le musée Napoléon III, qu'une vanité souveraine voulait en maintenir distinct et dont il avait commencé la publication dans un grand ouvrage, qui n'a eu malheureusement qu'un petit nombre de livraisons données au public. Il faut avoir vu la collection Campana avant son entrée au Louvre pour se rendre compte de l'immensité de la tâche que M. de Longpérier eut alors à accomplir. Avant tout, avant de commencer l'installation nouvelle, il était indispensable de procéder, avec l'assistance des quelques commissaires qui avaient été adjoints au conservateur, à un vaste travail d'épuration et de sélection, pour écarter les pièces fausses qui, mêlées à de véritables trésors, pullulaient dans la collection, et pour choisir les doubles, les morceaux de valeur secondaire, qui devaient être distribués aux musées de province. Ce premier travail terminé, la part du Louvre définitivement faite, commençait l'œuvre du classement du musée Napoléon III et de l'arrangement méthodique de ses salles. M. de Longpérier y avait merveilleusement réussi; une partie des dispositions qu'il avait adoptées subsiste encore aujourd'hui. Mais, du chef-d'œuvre de cette installation, il ne reste plus que le souvenir. On n'a pas oublié quel caprice dictatorial et à jamais regrettable du directeur des musées d'alors détruisit, à la fin de 1869, après deux ou trois ans d'existence, cette belle salle des terres cuites, dont l'installation, le classement et la disposition étaient un modèle au double point de vue de l'enseignement scientifique à tirer des objets, et de leur mise en valeur sous le rapport de l'art.

De basses et ténébreuses intrigues — sur lesquelles on me dispensera d'insister — minaient alors la situation de M. de Longpérier au musée du Louvre. On voulait, à force de dégoûts, arriver à lui faire quitter la place. On y réussit, et il donna sa démission au commencement de 1870. Il s'était découragé trop tôt, car s'il avait attendu quelques mois de plus, un changement de gouvernement l'aurait délivré des luttes et des déboires dont il avait fini par se lasser. Heureusement pour la morale, celui qui avait ourdi et conduit sous main toutes ces intrigues n'en profita pas. M. de Longpérier, en se retirant, eut la consolation de se voir remplacé par d'honnêtes gens. Mais, quel que soit leur mérite, quelque zèle intelligent qu'ils aient déployé pour les intérêts des collections confiées à leurs soins, on est en droit de dire, et ces messieurs sont les premiers à le proclamer, que la retraite prématurée de M. de Longpérier fut un malheur pour le Louvre, auquel sa science et son expérience promettaient encore tant de services.

Il s'était montré au Louvre un admirable organisateur de musée; on eut l'heureuse idée de mettre à profit les facultés toutes spéciales qu'il avait montrées à cet égard, en le chargeant d'organiser la section rétrospective de l'histoire du travail aux deux expositions universelles de 1867 et de 1878. Dans cette dernière surtout, étant placé seul à la tête du service, il eut ses coudées franches, et il réussit au delà de ce que l'on était même en droit d'espérer. Son autorité personnelle, le crédit de son nom et de sa situation scientifique furent pour beaucoup dans l'empressement que la presque totalité des collectionneurs français mit à envoyer la fleur de ses cabinets pour remplir les galeries du palais du Trocadéro. Cette même autorité, jointe à l'urbanité parfaite qui distinguait M. de Longpérier et à son tact d'homme du monde, parvint, ce qui

n'était pas chose facile, à plier tous ces amateurs aux
exigences d'une classification méthodique par époques,
qui respectait en même temps l'individualité de leurs collections. On n'a jamais mieux fait pour l'agencement et la
disposition d'une exposition de ce genre. Aucun de ceux
qui ont vu seulement une fois ces galeries spacieuses et si
bien arrangées du Trocadéro, où tous les objets étaient si
artistement mis en relief, exposés à la place qui leur con-
venait le mieux, n'en perdra le souvenir ; à plus forte
raison aucun de ceux qui y ont passé de longues heures
d'étude. C'était un musée temporaire, mais classé avec un
art infini et avec autant de méthode que d'art, où l'on
pouvait suivre pas à pas toutes les périodes de l'histoire
de l'industrie humaine, depuis les silex grossièrement
taillés qui se rencontrent dans les dépôts quaternaires,
associés aux ossements d'espèces animales éteintes depuis
des milliers d'années, jusqu'aux mignonnes fantaisies du
xviiie siècle. Il y avait là, grâce à l'heureuse disposition du
classement, un enseignement complet que le public recevait
par les yeux et dont le profit a été considérable. Plus que
toute autre chose, cette exposition a généralisé dans tous
les rangs de la société les notions essentielles sur l'art
ancien des diverses époques. Elle a multiplié, dans une
proportion très considérable, le nombre de ceux qui s'oc-
cupent scientifiquement d'archéologie, ou qui en forment
des collections.

Depuis 1854, M. de Longpérier appartenait à l'Institut.
Son élection avait été d'autant plus honorable pour lui-
même et pour l'Académie des inscriptions, qui l'avait

appelé dans son sein, qu'il avait eu à lutter contre les influences et tous les moyens de séduction dont disposait un ministre de l'Empire, alors dans l'éclat de puissance et de prestige de ses premières années, lequel se portait comme son concurrent. Le mérite supérieur du savant l'emporta sur la situation du ministre dont dépendaient et l'Institut lui-même et individuellement la plupart des membres de l'Académie. On aime à rencontrer ces exemples d'indépendance de la part d'un corps scientifique, et ils sont moins rares qu'on le croit généralement.

M. de Longpérier acquit bientôt dans son Académie, et dans tout l'Institut, une autorité aussi prépondérante que bien justifiée. Nul ne savait mieux que lui donner de la vie aux séances par des observations ingénieuses et savantes sur les communications qui étaient faites à la compagnie. Quel que fût le sujet de ces communications, il s'y intéressait, les écoutait avec attention et savait les apprécier heureusement. Dans toutes les discussions, sa parole, facile et élégante, avait un poids particulier. On l'entendait avec déférence ; on se plaisait à la provoquer, et chacun trouvait à en profiter. Lui-même, d'ailleurs, contribuait plus que personne à l'activité des travaux de l'Académie par les communications fréquentes qu'il y apportait, par ses lectures, par ses appréciations, toujours sobres et fermes, des ouvrages qu'il présentait. Aussi, comme il n'était pour ainsi dire étranger à aucune des matières qui sont du ressort de la savante compagnie, elle le mettait au nombre des juges de presque tous ses concours et elle l'avait successivement fait entrer dans la plupart de ses commissions permanentes. Qu'il s'agît de décider la rédaction des inscriptions officielles et la composition des médailles sur lesquelles le gouvernement, conformément à une tradition qui remonte à Louis XIV, consultait l'Académie; d'arrêter le programme des travaux des écoles d'Athènes et de Rome, de juger les mémoires envoyés par leurs membres et d'exercer le haut patronage qui appartient à l'Institut sur ces établissements, qui ont déjà donné tant d'heureux fruits; de préparer la monumentale publication du *Corpus inscriptionum semiticarum* dont l'initiative, l'entreprise et la réalisation seront une des gloires de notre pays; enfin de régler, dans la commission des travaux littéraires, l'économie générale du recueil des mémoires de l'Académie et de la continuation des grandes collections historiques dont elle a assumé la tâche, M. de Longpérier était également compétent, et sa participation aux travaux des commissions se montrait toujours une des plus infatigables et des plus fécondes.

Dans les années qui suivirent son entrée à l'Institut, M. de Longpérier entreprit, de concert avec son ami, M. le baron de Witte, la publication du *Bulletin archéologique de l'Athenæum français*, recueil qui n'eut malheureusement que deux années d'existence, faute d'éditeur qui voulût le publier après que l'*Athenæum* eut lui-même cessé d'exister. C'était de beaucoup la meilleure et la plus savante des publications périodiques qui eussent jusqu'alors été consacrées dans notre pays à l'étude des antiquités.

En 1856, toujours avec M. de Witte, M. de Longpérier prenait la direction de la *Revue numismatique*, à la-

quelle venait de renoncer leur ami commun, M. de la
Saussaye, fondateur de ce recueil qui a tant contribué aux
progrès de la science et qui, pendant de longues années, a
maintenu la France à la tête du mouvement des études
numismatiques. Depuis 1872, la revue a cessé de paraître,
et sa disparition est profondément regrettable. Aujour-
d'hui ce sont des recueils étrangers qui en ont pris la place,
en Allemagne et en Angleterre ; et faute d'un organe qui
stimule leur zèle, qui les instruise et les dirige, le nombre
des numismatistes a été depuis lors en se restreignant dans
notre pays d'une manière déplorable. Mais les années de
la direction de MM. de Longpérier et de Witte avaient
été, avant cette interruption, pour la *Revue numismatique* la période du plus grand éclat. Tout en groupant
autour d'eux les collaborateurs les plus éminents, non seulement en France, mais aussi dans le reste de l'Europe,
les deux directeurs payaient vaillamment de leur personne
et étaient constamment sur la brèche. En particulier, il
n'y a presque pas de livraison dans laquelle M. de Longpérier n'ait publié quelque article, plus ou moins déve-
loppé, mais toujours neuf et important, et souvent gros de
résultats, sur un point quelconque de l'étude des monnaies et médailles de l'antiquité et du moyen âge.

Ç'a été l'habitude, et l'on peut dire dans une certaine
mesure le défaut de ce grand archéologue que d'éparpiller
ainsi les fruits de ses profondes études, des recherches
assidues où il a consumé sa vie, dans une multitude de
dissertations de détail. Le nombre des petits mémoires,
presque tous remarquablement achevés, qu'il a publiés

dans toute sorte de recueils divers, est très considérable. Il y en a beaucoup qui sont presque ignorés, et il est vivement à désirer que la piété de ses enfants nous en donne un recueil complet. Ce sera le meilleur monument à élever à sa mémoire.

M. de Longpérier ne laisse pas d'ouvrage de longue haleine, et s'il en avait entrepris, il n'en a conduit aucun à un degré d'achèvement assez complet pour qu'il ait voulu le publier. Il semble que la vivacité avec laquelle la curiosité de son esprit se portait vers les sujets les plus divers à mesure qu'ils sollicitaient son attention l'ait conduit à donner la préférence à la composition de courtes dissertations, qu'il pouvait faire succéder les unes aux autres, sans se préoccuper d'établir une liaison entre les matières dont elles traitaient. Il avait, d'ailleurs, une étrange difficulté à se décider à imprimer. Plus d'une fois on l'a vu garder en portefeuille un mémoire que tout autre aurait considéré comme terminé, prêt à affronter l'épreuve de la publicité. Il se réservait ainsi la faculté d'y revenir plus tard, pour le corriger et le perfectionner sans cesse. Cet esprit essentiellement primesautier, cet homme dont le coup d'œil était si sûr et si rapide, éprouvait un besoin de perfection et d'impeccabilité qui le rendait hésitant et timide au moment de se décider à publier ses travaux. Il aimait mieux garder le silence, renoncer à la chance d'un succès, que se résigner à la part d'erreur que contient inévitablement l'œuvre du plus savant et du plus habile. Aussi, quelle que soit la valeur de premier ordre de tout ce qu'il a publié, ses travaux imprimés sont loin de donner toute sa mesure.

Pour bien savoir ce qu'il était, ce qu'il savait, il faut avoir eu l'occasion de le consulter, de lui soumettre des monuments, de le voir intervenir dans une discussion académique. En pareil cas, toujours et sur toute espèce de sujet on le trouvait invariablement prêt. Et jamais il ne manquait de produire des faits ignorés, des idées neuves et lumineuses. Personne mieux que lui ne connaissait les monuments, ne savait les apprécier, en faire la critique d'une manière sûre et raisonnée. Pour le jugement de leur authenticité, c'était un connaisseur infaillible; on eût pu lui décerner, sous ce rapport, le titre de *maestro senʒa errore,* que les Florentins avaient donné à André del Sarte pour son dessin. Personne aussi ne savait mieux les interpréter. Il en avait tant manié dans le cours de sa vie, il avait si bien étudié toutes les collections de l'Europe, et il en gardait une si extraordinaire mémoire, qu'il suffisait de la vue d'un objet pour provoquer de sa part une foule de comparaisons instructives et fructueuses que venait éclaircir et achever de rendre fécondes l'érudition littéraire la plus solide et la plus étendue.

Sa conversation était donc un enseignement permanent; c'était une mine inépuisable à laquelle on ne se lassait pas de recourir. On n'en sortait jamais sans y avoir appris beaucoup. Ce qu'il a introduit ainsi dans la circulation scientifique d'idées, de faits, de connaissances, dont d'autres ont profité, ne saurait se calculer. Car il était essentiellement un consultant sur les matières d'archéologie, et il aimait à remplir ce rôle. L'affabilité de son caractère, la libéralité de ses communications à quiconque s'adressait à lui, étaient sans bornes. On trouvait toujours auprès de M. de Longpérier un accueil ouvert, facile, généreux. Sa science, son expérience sans rivale, n'étaient pas seulement à lui, mais à tous. Il la répandait sans compter, et n'aimait rien tant qu'à faciliter et à diriger par ses conseils les recherches des autres. En particulier, il avait le goût des jeunes gens. Personne plus que lui ne s'est montré en toute occasion disposé à les aider de ses avis, à les instruire, à guider leurs débuts et à exercer une active protection en faveur de ceux auxquels il reconnaissait du mérite. Et ici je parle par expérience; en proclamant ce qu'il savait être sous ce rapport, je ne fais que payer bien imparfaitement une dette de reconnaissance que jamais rien ne pourra effacer de mon cœur.

Les dernières années de la vie de M. de Longpérier ont été tristes. Un deuil cruel, la mort d'un fils sur lequel il avait placé les plus hautes et les plus légitimes espérances, qui tout jeune avait brillamment débuté dans la science, était venue le frapper d'un de ces coups dont on ne se relève pas. La tendresse et le dévouement de ses filles adoucissait l'amertume dont son âme était remplie. C'était sa consolation et son soutien; mais cette tendresse dévouée ne pouvait pas lui rendre celui qu'il avait perdu. Elle soulageait, mais ne cicatrisait pas la plaie qui restait saignante au fond de son cœur.

A dater de ce moment, il vécut dans une profonde retraite, n'en sortant que pour prendre part aux séances de son Académie, dont il restait un des membres les plus assidus et les plus actifs. Presque jusqu'à son dernier jour, il s'est informé de ce qu'on y faisait et il a tenu à rester en communication avec la compagnie. Atteint de la dernière et cruelle maladie à laquelle il a succombé, il trompait ses souffrances en travaillant pour l'Académie, en dictant des dissertations qui lui étaient destinées. Trois semaines avant sa mort il en faisait encore lire une, qu'il venait de composer, et où les facultés pénétrantes de son esprit se montraient aussi intactes que lorsqu'il était encore en possession de sa pleine santé.

Honoré par M. de Longpérier d'une affection qui restera l'un des plus précieux souvenirs de ma vie, et qui avait son origine dans l'amitié qui, pendant un quart de siècle, avait existé entre mon père et lui, j'ai suivi jour par jour avec une émotion poignante les progrès de la maladie que le chagrin dont il était miné avait développée en lui, et qui l'a emporté trois ans après la mort de son fils. Jamais, je dois le dire, je n'ai mieux apprécié que dans ce spectacle à quel point une âme forte et une grande intelligence savent jusqu'au dernier moment triompher de la douleur physique, sans s'en laisser abattre. Jusqu'à l'heure suprême, il a conservé entières sa fermeté, sa lucidité d'esprit, son intérêt pour tout ce qui était grand et beau. Le mal qui détruisait son corps était impuissant à dompter chez lui cette portion de nous plus haute et plus pure pour qui la mort n'est pas la fin, mais bien, au contraire, le commencement d'une nouvelle existence.

Depuis plusieurs mois, cependant, il ne se faisait aucune illusion sur son état; il se savait condamné par les médecins; il n'ignorait pas que ses jours étaient désormais parcimonieusement comptés. Il voyait la mort s'avancer à grands pas; il supputait froidement les étapes si courtes qui lui restaient encore à parcourir. Et pourtant, malgré ses tristesses, il avait bien des raisons de s'attacher à la vie. Il n'avait que soixante-cinq ans. Dans les probabilités ordinaires de la vie, il aurait dû compter sur une carrière plus longue, lui qui eût si bien su la remplir. Il s'était promis de consacrer encore au travail, à la science, à l'affection, les années que le cours régulier de la nature lui promettait. Il ne renonçait pas facilement à cesser de jouir de la tendresse de ses chères filles. Il aurait voulu voir grandir ses petits-enfants, qui étaient la joie et la consolation de sa vieillesse, car nul mieux que lui ne savait les secrets de l'art d'être grand-père. La mort était donc pour lui un grand sacrifice, et il en savourait d'avance les amertumes; mais il s'y résignait avec un ferme courage. Il la regardait venir avec calme et ne tremblait pas devant elle. Soutenu par ces sublimes espérances de la religion, que rien ne remplace dans de semblables épreuves, plein de foi dans la vie future et dans la miséricorde divine, il savait que la séparation, qui lui coûtait tant ici-bas, ne serait que temporaire, et qu'il allait dans une vie meilleure rejoindre ceux qu'il avait perdus, attendre ceux qu'il laissait derrière lui. Ce sont ces espérances chrétiennes qui lui ont donné la calme fermeté, la résignation stoïque qu'ont tant admirées ceux qui ont été les témoins des derniers temps de sa vie.

Et maintenant cette admirable intelligence est pour nous à jamais éteinte. Nous lui avons dit un dernier adieu. Nous ne posséderons plus au milieu de nous ce cœur si chaud, cet ami si fidèle, ce conseiller si sûr. Nous ne pourrons plus aller, comme nous le faisions, le consulter toutes les fois que nous nous sentirons embarrassés dans nos études par une question trop difficile. Nous ne pourrons plus tirer profit de sa science et de son expérience, nous instruire en l'écoutant. Nous ne reverrons plus ce vieillard qui avait si grand air, chez qui les façons les plus aristocratiques de l'homme du monde s'alliaient si bien au tact d'un savant de premier ordre.

La mort de M. de Longpérier est une perte immense pour la science et pour le pays, aussi bien que pour ceux qui l'aimaient. En lui la France possédait le premier des archéologues vivants de l'Europe; l'étranger le reconnaissait comme nous, et l'Allemagne elle-même savait qu'elle n'avait actuellement personne à mettre en parallèle avec lui. Le vide que laisse sa disparition est un de ceux qui ne se comblent pas. Où retrouver chez un autre cette sûreté de coup d'œil, cette connaissance pratique des monuments unie à tant d'érudition? Chez qui retrouver surtout cette incroyable variété d'aptitudes et d'acquit scientifique, qui faisait de lui, sur toutes les branches de l'archéologie sans exception, une encyclopédie faite homme?